APAISEMENT SOCIAL

LES CERCLES POPULAIRES

PAR

CH. FRANÇOIS

Avocat à Lyon.

Extrait de la *Revue Internationale de Sociologie.*

PARIS

V. GIARD & E. BRIÈRE

LIBRAIRES-ÉDITEURS

16, RUE SOUFFLOT, 16

1897

Beaugency. — Imp. J. Laffray.

APAISEMENT SOCIAL

LES CERCLES POPULAIRES

Beaugency. — Imp. J. Laffray.

APAISEMENT SOCIAL

LES CERCLES POPULAIRES

PAR

CH. FRANÇOIS

Avocat à Lyon.

Extrait de la *Revue Internationale de Sociologie*.

PARIS

V. GIARD & E. BRIÈRE

LIBRAIRES-ÉDITEURS

16, RUE SOUFFLOT, 16

1897

Apaisement social

Les cercles populaires

I. — LES CERCLES D'ÉTUDIANTS ET D'OUVRIERS. — LEUR BUT.

LEURS PRINCIPES DIRECTEURS.

« J'affirme qu'à sa façon un jeune bourgeois qui donne à propos une poignée de main, écoute une confidence, prononce une parole d'amitié, travaille pour la Cité future presque autant que l'économiste le plus expert » (1). Ces lignes, M. Raoul Allier les écrivait en conclusion d'un article sur les *Cercles d'étudiants et d'ouvriers*, d'un véritable manifeste, où il avait dégagé l'idée maîtresse de ces œuvres, esquissé leur genèse et leur activité, préconisé enfin leur encouragement et leur multiplication. On sentait vibrer dans ces pages un enthousiasme que l'expérience avait fortifié en même temps qu'éclairé. Et, pour ma part, je ne sais rien de moins décevant dans leurs résultats que ces tentatives de rapprochement, dont la solidarité par les actes est le principe vivifiant, la fréquentation, la pénétration de plus en plus constante et intime des deux éléments, étudiant et ouvrier, le moyen, l'*apaisement*

---

(1) *Semaine littéraire*, Genève, N° du 11 juillet 1896.

social, sans renonciation au progrès, le but précis. D'aucuns prétendent que ce but est inaccessible et ne témoignent que de la commisération aux naïfs que fascine une chimère. Ces esprits forts sont une gangrène dont se défiera celui qui a « toujours préféré la folie des passions à la sagesse de l'indifférence » (1). Oublient-ils que la poursuite des hautes illusions, même sans espoir de succès, distrait des tristesses de l'existence et suscite ces optimistes dont la phalange est comme le grain de sel de l'humanité? Quand bien même l'idéal visé par les « Cercles populaires » (2) ne devrait jamais être atteint, ne conviendront-ils pas que le fait d'y tendre nécessite une série d'efforts généreux, féconds, puisqu'il en surgira certainement deux bienfaits que tout le monde réclame : une renaissance de la volonté et plus d'esprit de dévouement! Doués à nouveau de ces vertus, ni le peuple, ni la bourgeoisie ne végéteront plus; ils vivront, non pas à la manière animale que suppose la moderne et matérialiste « lutte pour la vie », mais selon qu'il convient à la créature supérieure qu'est l'homme. En effet « vivre, c'est vouloir sans relâche, ou restaurer quotidiennement sa volonté » (3).

..

L'organisation des Cercles populaires répond à cette conception; en effet, elle pose un problème qui se résoudra dans un immense déploiement d'énergie et d'opiniâtreté. Ce problème, M. Raoul Allier le précise ainsi : « Ils (les étudiants) ont été séduits et conquis par une formule : réconciliation des classes. Mais comment s'y prendre, quand on ne se résigne pas à faire de ces trois mots un thème à déclamation en chambre ou articles de journaux? Les conditions de l'existence sont telles que bourgeois et ouvriers ne peuvent plus se rencontrer » (4). Pourtant il est des lieux où ils se rencontrent encore : l'église et les clubs politiques.

A l'église, ils prient côte à côte, s'unissent dans une même foi, une même adoration, une même espérance : ils sont frères en Christ. Là, l'œuvre de rapprochement n'est plus à accomplir. Mais combien de jeunes gens sont actuellement détachés de la religion! Je ne parle pas

---

(1) Anatole France.
(2) Je me servirai dès lors de cette expression pour désigner les « Cercles d'étudiants et d'ouvriers. » Elle est plus concise et l'usage l'a consacrée.
(3) H.-F. Amiel.
(4) *Semaine littéraire*, Genève, N° 11 juillet 1896.

de ceux pour lesquels elle représente une règle dont leur désir d'indé.
pendance s'affranchit. Je ne veux retenir que ceux dont la philosophie
avec son besoin de critique et sa soif de causes a ruiné, pour un temps
ou à jamais, les croyances. Il ne flotte plus en eux qu'une vague reli-
giosité, comme des vapeurs d'encens. Mais souvent encore, au travers
de cette lourde atmosphère, jaillissent du fond de leur cœur des élans
généreux, sous l'impulsion desquels ils cherchent toute occasion de
donner quelque chose de leur temps et de leurs forces.

> « S'il doute, hésite et ne peut croire,
> « Il voudrait faire un peu de bien » (1).

On pourrait appliquer à ces jeunes hommes ce jugement de Renan
sur sa sœur Henriette : « Quand elle perdit sa foi religieuse, sa foi au
devoir ne diminua pas, parce que cette foi était l'écho de sa noblesse
intérieure. » Pour bien des adolescents, la lutte terrible qui s'est livrée
dans leur âme entre leurs croyances et le doute, et qui s'est terminée
par le triomphe de celui-ci sur celle-là, n'a anéanti que des dogmes et
non des instincts supérieurs, pareils à « un pli absolu de nature » Dès
lors ils n'osent, par pudeur, s'affilier aux œuvres dont la religion est
le levier. Eh bien ! qu'ils consacrent leur bonne volonté aux Cercles
populaires, où on ne leur demandera pas d'autres titres que ceux de
leur jeunesse et de leur courage.

L'inscription auprès de telle ou telle Faculté ne sera pas la condition
d'un enrôlement. Ce serait rétrécir les cadres, les limiter à une aristocratie intellectuelle, et sacrifier souvent le sens pratique. On mettra
donc sur le même pied les étudiants et les élèves des écoles d'art,
de commerce ou d'industrie, ceux qui ont une carrière et ceux
qui vivent de leurs rentes. Ne repoussez personne ! Je crois que les
Cercles populaires ont tout intérêt à ne plus s'intituler *Cercles d'étudiants et d'ouvriers*. Remplacez ce mot « étudiants » par celui de
« jeunes gens » ou tout autre aussi compréhensif ; dites simplement,
ainsi qu'en a décidé l'usage, *Cercles populaires*. Et vous étendrez par
là-même votre conception de l'œuvre pour sa plus grande prospérité.
Plus les membres auront de connaissances, de ressources, d'aboutis-
sants divers, plus vous intéresserez de gens au Cercle, plus vous ob-
tiendrez de variété et par suite d'originalité dans sa vie, et plus vous
retiendrez les ouvriers.

---

(1) **Gabriel Vicaire**, « Pauvres âmes ». *Revue des Deux-Mondes*, 1er juillet
1895.

Mais là n'est pas l'unique avantage d'un recrutement si peu exclusif. Réconciliation des classes ! prêchent tous ceux qui se passionnent pour les « Cercles d'étudiants et d'ouvriers. » Or, si la toute première réconciliation doit intervenir entre les jeunes bourgeois et le peuple, il en est une seconde à tenter entre les jeunes bourgeois eux-mêmes. Le fossé est plus profond qu'on ne le pense entre les étudiants et ceux de leurs contemporains qui se sont voués au commerce, à l'industrie, en un mot à tout ce qui n'est pas dénommé profession libérale. Les uns et les autres se dédaignent, se jugeant ou trop, ou pas assez préoccupés des côtés pratiques de l'existence. Ils ne fraient pas entre eux ; et il faut convenir que le terrain de rencontre ne s'offre pas de lui-même dans notre société. Il faut le chercher. On le trouvera dans les quartiers ouvriers. Lorsque les jeunes bourgeois de toutes conditions se seront efforcés ensemble pour le bonheur de tiers, ils s'estimeront davantage et ils posséderont le gage d'une alliance. Le *Cercle populaire de Vaise* (Lyon) a si bien compris la nécessité de cette union qu'il appelle à lui, côte à côte avec les étudiants des Facultés de l'État, ou des Facultés libres, « les élèves des Ecoles : Centrale lyonnaise, de Commerce, des Beaux-Arts et autres semblables ». (Statuts, art. 1er). Le « Cercle populaire de Nîmes » qui, lui, est confessionnel, se montre très large pour les adhésions. Voici l'article 2 de ses statuts : « Tout habitant de Nîmes ou de ses environs peut se faire inscrire comme membre du Cercle... » Le nouvel adhérent doit cependant justifier d'une bonne réputation, être âgé d'au moins dix-sept ans et payer la cotisation annuelle. Il va sans dire que si les Cercles populaires sont absolument neutres au point de vue confessionnel (et j'indiquerai bientôt pourquoi cela est une nécessité après avoir été simplement un moyen pour occuper des bonnes volontés), ils ne repousseront jamais les jeunes gens qui sont religieux. Ils exigeront uniquement de ceux-ci qu'ils n'usent point de l'action religieuse, de telle sorte que, tout en écartant bien des questions irritantes, non seulement ils resteront fidèles aux principes de l'œuvre, mais encore ils gagneront des collaborateurs de religions comme de professions différentes. Tandis que l'œuvre même augmentera le nombre de ses membres, elle accentuera le travail du rapprochement au sein de la bourgeoisie. C'est ainsi que M. Raoul Allier a vu des jeunes catholiques lui offrir leur concours, à lui, professeur protestant de théologie. Et si l'œuvre du « Cercle populaire de Vaise » (Lyon) est due à l'initiative huguenote, aujourd'hui, sur une vingtaine d'étudiants qui en font partie, on ne compte guère que trois ou quatre protestants. Les autres sont ou catholiques, ou même israélites. Pour établir cette statistique, je ne considère que le baptême et l'éducation religieuse et non si les jeunes gens qui les ont reçus y sont restés attachés. Beaucoup certainement ne sont, pour l'heure, catholiques, protestants ou israélites que de nom.

.·.

Si les Cercles populaires, neutres au point de vue confessionnel, ouvrent un champ d'activité à toute une catégorie de la jeunesse bourgeoise, ils répondent d'autre part à un besoin des milieux ouvriers. Depuis un certain nombre d'années des « Cercles catholiques » se sont fondés dans les principaux centres industriels. Mais ils ne peuvent attirer tous les travailleurs à eux; ils n'en groupent même, au moyen de divers procédés, qu'une petite minorité. La raison en est très apparente et toute moderne.

Le socialisme ne s'est pas contenté d'excommunier le salaire et de préconiser la coopération de production dont la « Verrerie ouvrière » d'Albi doit être le type le plus parfait; il a repris, tout à la base de son ou de ses systèmes, cette thèse de la Révolution de 1789, que l'individu est sacré, que nul n'a le droit d'asservir sa personnalité (1). Il en a conclu à l'indépendance pour la vie matérielle et à l'indépendance pour la vie spirituelle, et très vite, dans ce deuxième domaine, il a franchi les dernières limites, pour préconiser la libre-pensée. Le clergé n'est plus, dès lors, qu'un oppresseur des cœurs et des intelligences, comme le patron est un oppresseur des corps. Entre ces deux Cyclopes, l'ouvrier sera infailliblement écrasé. Il est urgent qu'il leur échappe. S'il lui est difficile de s'affranchir du capitaliste, rien ne s'oppose à ce qu'il rejette le joug d'une Église. Dans ses frémissements de révolte, le peuple, en grande partie, s'est déjà secoué de la religion et de ses prêtres. C'est un fait à constater. Et il faut aussi s'avouer, si chrétien que l'on soit, que l'heure n'est pas à la réconciliation sociale par les Évangiles. Les docteurs socialistes n'ont-ils pas tiré de ces livres mêmes des justifications de leurs doctrines et de leurs desseins (2)? Le socialisme chrétien des Stoecker ou des Gœhre, comme des de Mun, est la meule sur laquelle ils aiguiseront ces armes.

---

(1) Il resterait à examiner si les socialistes sont vraiment conséquents avec eux-mêmes, c'est-à-dire, s'ils ne font pas fi, dans leurs systèmes, de l'individualité qu'ils exaltent au cours de leurs critiques de la société actuelle. Il me semble que tel est leur cas. (Voir : Henry Michel, *l'Idée de l'Etat*, pages 504-511).

(2) Voir notamment Cabet, *Le Vrai Christianisme*. On peut se reporter

C'est donc sur un terrain neutre qu'il faut essayer le rapprochement et l'apaisement, car, là seulement, on pourra convier à se rendre l'ouvrier mécontent de la Société moderne. Le *Cercle de Vaugirard* (Paris) et le *Cercle de Vaise* (Lyon) (1) sont les premiers et, je crois, pour l'instant les seuls (un essai a été tenté à Montauban par les étudiants en théologie protestants), qui se soient rendus un compte exact de la situation. Tandis qu'à Nîmes on était et on restait très nettement protestant avec l'institution d'une « école du dimanche » et d'une œuvre d'évangélisation populaire (Statuts, art. 3), à Paris, dès 1883, mais surtout depuis le mois de décembre 1894, à Lyon (2), depuis le mois de mars de la même année, on s'est engagé résolument dans une voie de neutralité complète.

L'inconvénient de cette conduite, si justifiée à d'autres égards, devait se faire sentir lorsqu'il s'est agi de ramasser les fonds indispensables pour assurer la partie matérielle de l'œuvre. Pour beaucoup d'âmes charitables, la pierre angulaire manquait à l'édifice, et elles fermaient leur bourse. D'autres heureusement ont compris que, loin d'être une pierre angulaire, dans le cas présent, la religion était le sable sur lequel il importait avant tout de ne pas construire, et elles ont été des aides précieux. Voici ce qu'un ecclésiastique lui-même, ami dévoué du « Cercle de Vaise » (Lyon), écrivait à ce sujet : « Les discussions politiques et religieuses sont formellement interdites par les statuts, parce que rien n'est plus propre à diviser les esprits, à aigrir les cœurs, à éloigner du but poursuivi, l'union fraternelle... Qu'on laisse systématiquement de côté la religion et son influence salutaire, voilà qui étonne bien des amis de l'œuvre. Cela s'explique pourtant... » (3). Et l'auteur de l'article, ajoute aux raisons énoncées ci-dessus une constatation qui suffirait, à elle seule, à trancher le débat : « L'évangélisation exige des aptitudes et une préparation toutes spéciales qui font défaut aux étudiants. » Non, les étudiants ne sont pas prêts pour l'évangélisation! Bien mieux, ceux dont on désire surtout utiliser le zèle jusqu'alors improductif sont ou indifférents, ou

---

également à l'organisation des sectes communistes religieuses, telles que les *Inspirationistes*, les *Perfectionistes*, les *Shakers*, les *Harmonistes*, et même à certains écrits de socialisme scientifique.

(1) On vient de lui créer un pendant dans le quartier de la Guillotière.

(2) « Ce but est poursuivi en dehors de toute préoccupation politique ou religieuse... » Statuts, art. 1er).

(3) *La Sentinelle*, mai 1895.

hostiles à la religion, et il s'agit en outre de s'adresser à des gens pour lesquels la religion est un épouvantail. On la tiendra donc à l'écart, et avec elle, la politique.

..

Si la religion divise en un temps où certains esprits l'accusent de banqueroute, que ne doit-on pas redouter de la politique qui certainement fait fortune, malgré le mépris dont chacun affecte de l'accabler ! Elle est, à notre époque, semblable à Figaro dont on disait : « Quel gredin ! » tout en l'aimant pour ses mille gentillesses. Mais, à l'inverse du Barbier de Séville qui finissait par arranger les situations les plus inextricables, la politique embrouille, énerve, excite et lance les hommes les uns contre les autres. *Homo homini lupus.* Si l'expérience de chaque jour poursuivie entre gens de même classe aboutit à pareille conclusion, il est à plus forte raison, d'élémentaire prudence de se guider d'après elle lorsqu'on aspire à créer des rapports nouveaux entre bourgeois et ouvriers, d'autant que la question sociale est devenue essentiellement politique, d'économique qu'elle était. C'est là une caractéristique de l'évolution dernière du socialisme que le désir de s'emparer des pouvoirs publics. Vers ce but tendent les efforts du parti et si décidément ils demeurent stériles ou n'aboutissent pas dans un avenir relativement prochain, la révolution s'y substituera à l'instigation des blanquistes dont la puissance, il ne faut pas se le dissimuler, croît comme celle de toutes les sectes extrêmes. Déjà les incantations scientifiques et évolutionnistes de la *Revue Socialiste* sont parfois traversées d'un bruit de fers heurtés à la lueur des incendies.

Cette tendance récente et plus ou moins accentuée au sein du parti socialiste mêle la politique à tous les problèmes ; l'économie politique et l'économie sociale deviennent des sujets épineux pour ceux qui ne s'élèvent pas aux conceptions de science pure. Même dans ces régions de théorie transcendantale, le parti socialiste a posé le pied : il a pris position sur chacune des conclusions de l'orthodoxie. Dès lors, comment émettre soi-même une opinion sans être accusé d'appuyer ou de combattre le socialisme ? Que sera-ce surtout si, à cette hardiesse, viennent se joindre les maladresses de l'inexpérience ou d'un savoir restreint aux enseignements d'une seule école ! Et tout naturellement se glisse sous la plume ce conseil aux jeunes membres des Cercles populaires : « Méfiez-vous des sujets débattus entre les partis, non pas tant à cause de leurs nature irritante, que de votre propre incompétence. Attendez, en tout cas, d'être mieux armés » (1). Il est urgent qu'ils méditent chaque jour cet avertissement : « Ce n'est pas seulement votre cœur qu'il faut ouvrir tout grand ; c'est aussi votre intelligence. Élargissez-la ; elle ne sera jamais trop large pour embrasser tout ce que comprend aujourd'hui la question sociale » (2). Tout cela s'adresse surtout aux plus jeunes collaborateurs, à ceux que quatre ou cinq ans d'école ou de pratique n'auront pas encore familiarisés avec une foule de questions primordiales. Je comprends combien se restreint du même coup le champ de leurs services. Mais ils peuvent obvier à cette paralysie partielle de leur activité. Il suffirait pour cela de doubler, de faire même précéder l'organisation de tout Cercle populaire de celle d'une « Association d'études sociales et économiques. » Ce n'est point ici la place d'en indiquer le programme, ni le fonctionnement. Qu'il suffise de poser en principe qu'elle préparerait les jeunes gens à la discussion des problèmes intéressant l'existence présente de l'ouvrier, ou celle qu'on lui fait entrevoir. Quant à l'esprit de cette association, il ne peut être que large, très large. Ce sera un complément à l'instruction nécessairement fragmentaire que donne l'Université. Au sortir de celle-ci, le jeune homme aura encore beaucoup à apprendre de l' « Association d'études sociales et économiques » dont il ne voudra pas se séparer.

Mais, objectera-t-on aussitôt, pourquoi ne chargeriez-vous pas des hommes déjà mûrs, versés dans ces matières, d'aborder les sujets ardus qu'elles comportent? Certes, il ne viendrait pas à l'esprit de repousser d'emblée de pareils auxiliaires, de vouloir que la jeunesse, à elle seule, s'occupât d'œuvres aussi délicates que les Cercles populaires et on approuvera sans réserve le « Cercle de Vaise » (Lyon) d'avoir adjoint à son Comité, avec voix délibérative, une *Commission permanente*, composée de trois membres, âgés d'au moins trente ans. Mais, outre qu'il ne manque pas de sujets aussi importants et moins périlleux que ceux qui nous effraient en ce moment, je crois qu'il y a tout intérêt à ce que d'autres que les jeunes gens ne paraissent pas

---

(1) Parmi les ouvriers, ceux qui sont les orateurs de réunions publiques et les meneurs possèdent souvent des connaissances théoriques étonnantes. Ils se sont nourris d'une foule d'ouvrages que beaucoup de bourgeois citent avec mépris, sans même les avoir ouverts. Je me souviens que, dans une réunion contradictoire, des ouvriers évoquèrent et décrivirent la question sociale au temps des Pharaons.

(2) Georges Renard, *Lettre aux étudiants*.

trop souvent à la tribune des Cercles populaires. En tout cas ces tiers seront plus aisément soupçonnés d'ambition. Mais d'autres raisons qui me déterminent ressortiront tout naturellement d'un examen subséquent de l'attitude des ouvriers dans les Cercles populaires, de l'esprit que les jeunes bourgeois y doivent apporter et de la façon dont ils s'y comporteront afin d'obtenir de brillants résultats.

Ni religion, ni politique ! Autour de quel principe allez-vous convier les étudiants (1) et les ouvriers à se grouper ? Sera-ce même un principe que vous agiterez comme drapeau, à la première heure ? Ce serait méconnaître étrangement l'orientation des cœurs à notre époque. Nous relevons tous plus ou moins de Saint-Simon avec lequel « les intérêts tangibles, matériels, symbolisés par le mot de bonheur, reviennent au premier plan. » Après s'être nettement séparé des individualiste du xviii° siècle qui proclamaient avant tout des droits et poussaient la logique de leurs convictions jusqu'aux utopies les plus irréalisables et les plus touchantes à la fois, Saint-Simon « a installé les *intérêts* » à la place d'honneur dans les revendications du siècle. » Sur ce point les socialistes sont ses disciples fidèles, eux qui, par exemple, distribuent les « Trois Huit » entre le travail matériel grassement payé, le sommeil et.... le loisir. Mais les autres classes de la société seraient bien mal venues à jeter ce reproche de petitesse à la face du peuple. Elles doivent au contraire se l'adresser à elles-mêmes. L'intérêt est à la base de leurs labeurs, de leur science, de leur morale.

Force sera donc aux organisateurs de Cercles populaires de se mettre à l'unisson de cet utilitarisme, ainsi que le constatait un des promoteurs du « Cercle de Vaugirard » (Paris). «... Et il conclut qu'il n'y avait qu'un moyen de conquérir des adhérents : c'était de les attirer par des avantages matériels ; on verrait ensuite à trouver le chemin des âmes » (2). Cette amorce jetée à l'esprit positif du peuple sera tantôt, comme à Vaugirard, le secours mutuel en cas de chômage et de maladie, tantôt une coopérative de consommation, tantôt une société d'épargne en participation, etc. Peu importe le point de départ, pourvu qu'il soit propre à réunir en grand nombre les ouvriers en vue d'un

---

(1) Il est bien entendu que ce mot « étudiant » doit être pris dans une acception très large ; il comprendra tous les jeunes gens, et même les jeunes filles de la bourgeoisie.

(2) *Semaine littéraire*. Genève, n° 11, juillet 1896. — R. Allier, *Cercles d'étudiants et d'ouvriers*.

rapprochement avec la bourgeoisie et d'un développement de leur intelligence et de leur sens moral. Il sera en tout cas lui-même de nature à développer chez chacun les instincts plus nobles de solidarité et d'affection.

II. — LES MEMBRES DES CERCLES POPULAIRES. — LEURS CARACTÈRES. — LEURS RAPPORTS.

Supposer les membres d'un Cercle populaire recrutés, c'est franchir d'un bond une bien rude étape; la propagande d'individu à individu dans les milieux bourgeois, le groupement de quelques ouvriers déjà connus et entraînés, l'affichage d'un programme et d'un appel dans le quartier où est ouvert le local sont des conditions favorables à la naissance de l'œuvre; mais elles n'assurent pas aussitôt une situation florissante. J'ai déjà dit toutes les peines que coûtait la rédaction d'un programme qui n'a comme idée maîtresse aucun but ni religieux, ni politique. Il faut en outre tenir compte de l'état d'esprit des jeunes gens et de celui du peuple.

Actuellement les premiers se montrent réfractaires aux conceptions sans effets pratiques, immédiats et tangibles. Je n'en chercherai d'autre preuve que les échecs successifs de ces « Associations générales d'étudiants » dont les véritables principes devaient être la solidarité pour la défense des intérêts de chacun et de tous, le développement des connaissances en dehors du cadre restreint d'une Faculté, l'épanouissement des germes de compassion et de générosité de la jeunesse, au sein d'institutions charitables et sociales, comme un délassement aux travaux de l'esprit. Or, ces associations meurent parce que, devant être des syndicats, elles ont fait fausse route comme les syndicats industriels. Elles ont transformé les avantages matériels, qui devaient être pour elles l'accessoire, en leur principale, leur unique préoccupation, en leur seule fin. D'autres plus restreintes ont vécu, qui spéculent sur les passions politiques ou religieuses; tels sont les groupes royalistes, impérialistes, antisémites, collectivistes, etc., tous ceux qui se réclament d'un parti et ne surgissent que pour haïr et combattre. C'est donc à l'esprit fanatique ou utilitaire de l'heure présente qu'il vous faudra substituer l'abnégation qu'exige l'œuvre des Cercles populaires. Vous crierez : « Sympathisez en dehors de vous-mêmes! Donnez-vous à ceux dont les déboires de la vie ont exacerbé l'égoïsme et rendez-les aimants à la chaleur de votre amour! » Hélas! bien peu nombreux seront les jeunes hommes que vous entraînerez à votre suite! A Vaugirard, on parle d'une douzaine d'étudiants; à Vaise où, il est vrai, on s'adresse à d'autres milieux encore, les jeunes bourgeois sont le double. N'allez pas en inférer que ces œuvres ne progressent pas; vous commettriez une grave erreur. Les jeunes gens qui s'occupent d'un Cercle populaire ont licence d'être peu nombreux, à la condition qu'ils soient actifs. Le mieux serait qu'ils fussent nombreux et tous également actifs. Leur affluence serait en effet la preuve irrécusable qu'il y a dans la bourgeoisie un élan vers le peuple et un désir d'union, grâce à des sacrifices réciproques. Alors les jeunes gens feront merveille surtout si chacun d'eux a su se gagner l'estime et l'affection des ouvriers.

Là est la grosse difficulté, celle qui, si on ne la surmonte, frappe de stérilité l'organisation la mieux conçue. Elle vaincue, au contraire, rien n'entravera l'essor du Cercle, si ce n'est le manque d'argent. Mais, le succès étant déjà acquis, ceux qui ont aidé de leur bourse à l'assurer, ne feront pas défection. Ils s'intéresseront davantage au Cercle en progrès. On n'abandonne que ceux qui échouent, alors même qu'ils ne sont pas responsables de leur échec.

Mais j'en reviens au palladium dont la conquête sera le premier souci des étudiants, j'entends l'estime et l'affection des ouvriers. Il ne faut pas espérer s'en rendre maître du jour au lendemain, car il ne suffit pas de venir au peuple la main tendue, le sourire aux lèvres et de lui dire : « Soyons amis! » Ce procédé, qui peut réussir aux démagogues prodigues de phrases sonores et d'héroïques attitudes (1), crève comme une bulle de savon entre les doigts des représentants d'une classe que le peuple a pris l'habitude de considérer comme une ennemie et de détester. Jusqu'à preuve du contraire, preuve longue et délicate à fournir, les étudiants éveilleront toujours en lui d'instinctives méfiances.

L'ouvrier est avant tout méfiant. Beaucoup ne veulent plus croire

---

(1) Renan écrivait : « Le peuple, dont l'instinct est toujours droit, même quand il s'égare sur les questions de personnes, est très facilement trompé par les faux dévots. Ce qu'il aime en eux est bon et digne d'être aimé; mais il n'a pas assez de pénétration pour discerner l'apparence de la réalité. » (*Vie de Jésus*). Il y a des « faux dévots » en matière sociale comme en religion. Je ne prétends pas cependant qu'aucun socialiste ne soit sincère, ni qu'il ait tort en tout point.

à cet excès de prudence, parce qu'ils estiment d'une rare naïveté ces[s] pauvres gens qui se laissent piper par les promesses du socialisme. Et pourtant, quel est l'homme qui, ayant tout à gagner et rien à perdre, ne se laissserait enjoler par ceux qui lui offrent, même au prix de luttes sanglantes, l'amélioration de son sort!

Admettez même que l'ouvrier soit étrangement niais en présence des prophètes qui l'affolent au bruit d'une chanson nouvelle (et encore n'ont-ils rien découvert de plus nouveau que la *Carmagnole*!) : il n'en reste pas moins qu'il est profondément méfiant vis-à-vis des bardes qui, pourtant, ne songent plus à bercer sa misère aux accords de « la vieille chanson », de la bourgeoisie et en particulier des étudiants. Le peuple est hanté d'une idée fixe, et qui peut contenir une part de vérité : c'est qu'il a coopéré à deux révolutions (1789 et 1848) dirigées par la classe moyenne, puis accaparées par elle. Nulle part cette opinion n'est plus vigoureusement émise que dans Proudhon (1). Elle s'affirme à nouveau dans une foule d'ouvrages et de discours sur le peuple ou pour le peuple. Ainsi la première tâche qui incombera aux fondateurs de Cercles populaires sera de convaincre les ouvriers qu'on ne veut pas une fois de plus se servir d'eux comme d'un tremplin, qu'on ne flatte pas en eux la force qui porte au pouvoir. Cette conviction a été particulièrement délicate à faire prévaloir au Cercle de Vaise; on s'implantait en effet dans un quartier plus excentrique qu'aucun autre et vraiment déshérité. Si peu que l'on fît pour lui, ce peu allait prendre les proportions de manœuvres électorales aux yeux de la population. Mais insensiblement les étudiants ont détruit cette prévention. Ils ne s'inquiétaient pas de la vie politique du quartier; ils n'abordaient jamais ce sujet brûlant. Ils ont même fait mieux en taisant leurs noms le plus longtemps possible. Maintenant ils ont chassé les soupçons des ouvriers. Comme un vieux membre du cercle songeait à se retirer devant deux ou trois adhérents nouveaux qui ne lui plaisaient pas, les étudiants lui reprochèrent de les abandonner; ils s'attirèrent cette réponse bien douce et bien encourageante : « Oh! vous, messieurs les étudiants, je vous admire et je vous respecte! » Et le vieux resta.

Abuser d'une pareille situation serait manquer de cœur et d'adresse. Ce serait justement être aussi peu à la hauteur de sa mission que de

---

(1) *Confessions d'un révolutionnaire.*

se poser en directeurs de consciences, de prêcher et de moraliser. Il est bon de se rappeler que l'ouvrier est aussi susceptible qu'il est méfiant. Il serait profondément blessé qu'on parût le croire un être inférieur. En fait, il a des goûts et des aspirations qui ne sont guère relevés. Pourtant ne brusquez pas ces natures ombrageuses dans votre ardeur à les modifier. Laissez agir peu à peu l'influence bienfaisante, quoique imperceptible, qui émane de l'œuvre elle-même. Des lectures, des causeries, d'honnêtes recréations naîtra l'amour du beau ; grâce à certaines institutions accessoires au Cercle, se dévoilera l'efficacité de l'épargne, de la mutualité, en un mot de la prévoyance. Si vous veillez à ce que le local soit propre, bien en ordre, bien éclairé, si vous y venez vous-même avec une mise décente dans sa grande simplicité, vous attirerez les ouvriers dans un milieu qui leur sera agréable et vous les habituerez à n'y point paraître dans une tenue négligée. Quand ils en auront le temps, au sortir de l'atelier, ils iront faire un brin de toilette, avant de se rendre à la réunion.

Toute cette transformation sera l'œuvre du temps, de l'exemple et d'un choix judicieux dans les distractions ou les occupations plus sérieuses. Il faut être patient et plein de tact, agir sans en avoir l'air, sans trahir brusquement les efforts tentés, pour affiner le peuple. Je me souviens qu'un projet d'affiche avait été soumis aux ouvriers d'un cercle ; il portait, que l'œuvre avait entre autres pour but de moraliser ; les ouvriers firent assez vivement remarquer qu'ils n'avaient pas besoins d'être rendus plus moraux.

On se bornera donc, à l'occasion, à invoquer comme idée primordiale, comme fin ayant conduit vers le peuple, le désir de le mieux apprécier et de se faire apprécier de lui, de marcher la main dans la main, unis pour une estime réciproque. On fera ressortir que l'immense bienfait des Cercles populaires est d'enseigner la solidarité, c'est-à-dire que chaque homme n'a pas seulement des droits, mais aussi des devoirs et qu'il vaut mieux oublier ceux là que ceux-ci. Il sera utile de toujours insister sur ce que les étudiants, en abordant les ouvriers, tendent à se perfectionner, à devenir des citoyens plus complets par une meilleure et plus large connaissance de tous leurs compatriotes. Ce sont là des idées simples, qui trouvent parfaitement l'accès de l'intelligence et du cœur du peuple. On y joindra, si possible, quelques mots sur la patrie et sur la famille. Mais on ne touchera à ces grands sujets que dans un langage émouvant par sa simplicité même. Il importe avant tout d'être compris, puis de remuer les âmes, de les faire vibrer. Si puissant que soit le sujet, l'énergie dans la parole, la voix et les gestes seront des auxiliaires à ne point mépriser. Je ne veux pas dire qu'il faille discourir à tout propos et sur le ton lyrique; non cert ! Il est préférable de choisir son heure; mais alors il faut se donner tout entier. L'influence de la parole est trop considérable, surtout sur des êtres relativement peu compliqués, pour qu'on la néglige. J'ai vu des étudiants plus cordialement accueillis que jamais à leur Cercle populaire au lendemain d'une fête où l'un d'eux avait improvisé une allocution d'une chaude éloquence. En temps ordinaire, et pour les simples communications, la bonhomie, parfois la plaisanterie ni trop fine, ni trop lourde cependant, seront de mise. Faites rire vos ouvriers et vous les aurez conquis.

. .

Enfin, par la seule conversation, on peut gagner beaucoup de terrain. Mais c'est chose épineuse que d'en faire porter le sujet sur ce qui est la vie de l'ouvrier, sans être accusé d'inquisition. Une fois de plus il faudra user d'adresse afin de s'initier à la situation de chaque membre à l'atelier, afin d'apprendre ce dont il s'occupe, ce qu'il gagne, dans quelles conditions d'hygiène et de sécurité on l'expose à travailler. On aura ses coudées franches si l'ouvrier sait pertinemment qu'on n'a aucune accointance avec le patron, et que même on n'a pas voulu compter ce dernier au nombre de ceux qui soutiennent le Cercle de leurs dons.

Pénétrant plus avant dans l'existence du peuple on se renseignera sur son foyer. Sans doute le meilleur procédé serait encore de visiter celui-ci de temps à autre, au risque d'être obligé d'avaler par politesse et avec une furieuse envie de faire la grimace de la liqueur de Verveine (alcool jeté sur des feuilles de verveine). Mais n'oubliez pas que les Cercles populaires s'établissent, en général, dans des quartiers très éloignés du centre, et, d'autre part, que les jeunes gens sont absorbés par leurs études ou leurs affaires. Leurs dimanches sont libres, il est vrai. Cependant n'est-ce pas finir par leur trop demander que de vouloir d'eux le sacrifice de cette journée de repos ? Il n'en reste pas moins que, dans la mesure du possible, les visites aux ouvriers chez eux sont choses excellentes. Je suis persuadé qu'elles constituent un puissant élément de vitalité pour les Cercles en étendant leur domaine et en rapprochant davantage leurs membres.

A défaut d'elles on pénètrera dans le milieu familial du peuple par la simple conversation. Ici se révèle un des avantages de l'admission des femmes dans les Cercles populaires. De leurs maris, vous ne tirerez pas grands détails sur le ménage ; mais elles, elles parleront avec plus d'abondance, surtout si vous savez les faire parler ; et il est une parole qui sera pour leurs lèvres comme le « Sésame, ouvre toi ! » du conte : « Vos enfants. » Par ces petits, vous faites la conquête de la mère, et celle-ci gagnée, vous tenez le père, car, le plus souvent, c'est la femme qui est l'âme des ménages d'ouvriers. Devant cet argument péremptoire, vous ouvrirez tout grands les Cercles populaires à la famille entière. Du reste de pareilles œuvres n'ont pas le droit de la disséminer ; elles ont même le devoir de l'unir davantage, de faire qu'au moins une ou deux soirées par semaine, le père, la mère et les enfants se serrent autour d'une même table. Puis leur but de développement et de solidarité n'englobe-t-il pas l'un et l'autre sexe ? Leurs bons effets ne peuvent-ils pas se faire sentir à tout âge ? Plus vous prendrez les ouvriers jeunes, plus vous aurez de chance de leur être utile et de vous les attacher. On objecte que les gamins seront turbulents, que les adolescents manqueront parfois de savoir vivre. Ils se disciplineront et se corrigeront dans le milieu où vous les introduisez, et vous exercerez sur eux, comme sur les adultes, un ascendant basé simultanément sur l'indulgence et sur la fermeté.

Il ne faut pas être trop exclusif dans la composition d'un Cercle populaire. Si, en effet, vous n'admettez que des ouvriers raisonnables, rangés, sans la moindre velléité d'émancipation, vous faites œuvre en grande partie vaine. On ne doit pas repousser un ivrogne, car on a l'espoir de le corriger. Pourquoi fermer la porte à un ouvrier que l'on juge « voyou » ? Ne veut-on pas justement aider à sa transformation ! Le comité se ménagera les moyens de dompter les indociles et les perturbateurs. Malheureusement son courage risque de devenir inutile en présence de l'attitude des membres ouvriers. Les plus convenables d'entre eux, formant un noyau dont la valeur est à considérer et la collaboration à souhaiter, se montrent parfois intolérants au point de menacer de leur défection si on inscrit au Cercle des ouvriers dont la conduite n'est pas parfaite. On a assisté au Cercle de Vaise à un pareil exode. Le devoir de ces transfuges ne serait-il pas plutôt de prêter secours aux étudiants, de leur servir d'intermédiaires auprès des tapageurs ! Il faudrait pour cela qu'ils aient déjà fortement ancré dans leur poitrine la notion de solidarité, qu'ils se soient bien pénétrés déjà du but poursuivi. Or, ce n'est pas toujours le cas et l'on va se trouver en présence d'un dilemme redoutable : ou perdre le groupe des ouvriers déjà ralliés ou ne garder que lui. Dans un cas comme dans l'autre, l'amputation est douloureuse et peut être mortelle. Il

faut l'éviter en s'arrêtant à telle solution que dicteront les circonstances. Pourtant le fatalisme serait une lâcheté. Mieux vaut employer
tous les moyens préventifs propres à conserver les éléments les plus
divers, par exemple ouvrir à ceux-ci, dès le premier jour, les portes
du Cercle. Afin de rassurer les uns et contenir les autres, on prou-
vera chaque fois qu'il en sera besoin que l'on est décidé à maintenir
l'ordre, sous la garantie que l'on n'aura pas recours à l'intervention de
la police. Celle-ci ne sera que la suprême ressource, lorsqu'il n'y aura
plus rien, ni personne à ménager. Normalement la police du Cercle doit
être faite par les ouvriers eux-mêmes, et, au besoin, par les étudiants.
Mais éloignez le sergent de ville; c'est l'ennemi dont la présence exas-
père plus qu'elle ne calme. Pour l'ouvrier, il est le bras de la bourgeoisie sèche, autoritaire et brutale. Or, vous ne voulez pas rappeler
au peuple la bourgeoisie abhorrée; vous l'abordez pour lui en révéler
une nouvelle, en face de laquelle il est homme et citoyen.

La méfiance et la naïveté, qui semblent s'exclure, sont réunies chez
l'enfant : elles le sont aussi chez l'ouvrier qu'on se plaît à rapprocher
de l'enfant. Si je reviens ici sur cette comparaison, c'est qu'elle met
en garde contre un nouveau trait de caractère du peuple dont il faut
absolument tenir compte dans l'organisation des Cercles populaires,
je veux dire le besoin de jouer un rôle. Il est en réalité peu d'hommes
qui ne tombent pas dans ce travers ; mais chez l'ouvrier il prend des
proportions considérables. Les syndicats n'ont de succès qu'autant
qu'ils y donnent satisfaction chez les plus remuants. Dans les Cercles
il faut faire sa part. A quoi bon se briser contre lui? Mieux vaut lui
céder dans la mesure où ces concessions ne font courir aucun danger
à l'œuvre. Au Cercle de Vaise, les dispositions suivantes ont été
adoptées. Le Comité est composé de :

Un président, étudiant.		Un vice-président, ouvrier.	
Un trésorier,	id.	Un trésorier,	id.
Un secrétaire,	id.	Un assesseur,	id.
Un assesseur,	id.		

Remarquez que ce partage d'autorité peut faciliter le fonctionnement. Tout en veillant à ce que la majorité restât à l'élément étudiant,
on a consenti, à Vaise, à ce que les ouvriers eussent leur part d'influence, à ce qu'ils pussent surtout contrôler la partie financière. Or,
voici ce qui s'est produit avec le temps : le Comité du Cercle s'est

divisé en deux fractions qu'on a pris l'habitude d'appeler l'une « Comité-étudiant » l'autre « Comité-ouvrier ». Le vice-président s'intitule couramment « président-ouvrier ». Le second comité est devenu l'intermédiaire entre les ouvriers et les étudiants. Ceux-ci n'entreprennent rien sans avoir recueilli son avis. Ils s'efforcent de lui inculquer un plus vigoureux esprit d'initiative, et parfois il lui laissent le soin de trancher des débats, dans lesquels eux-mêmes ne pourraient qu'affaiblir leur autorité en ayant à prendre parti.

Il est un point important sur lequel la ligne de conduite ne varie pas : jamais personne autre que le trésorier-ouvrier ne perçoit d'argent des membres ouvriers du Cercle (1). Il garde seul la gestion de cette caisse spéciale qui est affectée à solder les frais d'éclairage et de chauffage. Entrer au Comité est un grand honneur que les ouvriers se disputent chaudement ; lorsqu'ils l'ont obtenu, ils ne ménagent pas leur peine, afin de répondre à la confiance de leurs camarades et de mériter de nouveau leurs suffrages. Ils ont encore à solliciter ceux-ci quand l'organisation de quelqu'œuvre parallèle au Cercle crée de nouvelles fonctions. Dans ce cas également, il est bon, pour flatter leur amour-propre et pour leur accorder en outre des facilités de contrôle, que la direction soit confiée en partie à des ouvriers. La « Boule de Neige du Cercle de Vaise » a pour trésorier un étudiant, mais pour président et vice-président deux ouvriers.

Si l'ouvrier investi de fonctions honorifiques se prodigue volontiers, il est encore très fier que l'on ait recours à ses services de simple particulier. Il ne faut donc pas craindre de mettre sa complaisance à contribution. Sans compter qu'il en est flatté, il s'habitue progressivement par là aux conséquences de la solidarité. Enfin, lorsqu'il s'agit d'exécuter pour le Cercle quelque chose qui ait trait au métier de l'un d'eux, on se gardera bien de remettre ce travail à des étrangers, heureux que l'on sera de prouver aux membres ouvriers que l'on fait cas de leur habileté et de leur faire gagner quelques sous. A défaut de membres du Cercle, évitez de confier ce travail en dehors du quartier, si vous désirez y conquérir des sympathies.

.
. .

Une dernière remarque d'où découlent plusieurs conséquences sur

---

(1) On verra plus loin que les cotisations de la « Boule de Neige du Cercle de Vaise » sont perçues par un trésorier-étudiant. Mais sa décharge sur le carnet individuel des versements est toujours contresignée par le président-ouvrier.

lesquelles il sera intéressant d'insister : les ressources de l'ouvrier sont limitées. Elles le sont à des degrés divers, car, à côté de celui qui gagne péniblement 3 ou 4 francs par jour, il en est d'autres dont le salaire est moindre encore, d'autres enfin dont le salaire atteint 7 et même 10 francs (1). Il ne sera pas rare qu'un Cercle populaire réunisse des travailleurs de catégories différentes et que bientôt, dans son sein, il se forme comme une aristocratie que l'on reconnaîtra à sa mise et à certaines prétentions au beau langage et aux fines manières. Je me souviens avoir rencontré un ménage dont le petit garçon prenait des leçons de piano. On pourrait penser qu'il y a là une élite capable d'entraîner les autres ouvriers dans la voie du respect de soi-même, de leur donner l'ambition de se mieux tenir. Peut-être cette influence s'exerce-t-elle à la longue. Mais il est pénible de constater qu'en dehors d'elle, et de façon non équivoque, se développent des instincts de jalousie. Tout en vivant en bons termes, en ne rompant point l'unité de l'œuvre, des petits clans se forment qui se replient sur eux-mêmes, dans la vie ordinaire du Cercle. Viennent pourtant les circonstances exceptionnelles où il faut marcher ensemble, la main dans la main, l'union, la fraternité qui s'est peu à peu renforcée à la base de l'œuvre, apparaît avec éclat. Il n'y a de dissemblances et de divergences qu'à la surface.

Évidemment, lorsqu'il s'agit de pratiquer une brèche dans les ressources des ouvriers, c'est sur celles des moins favorisés qu'il convient de se régler ; ce sont elles qui limiteront les exigences du trésorier. On prétendra sans doute qu'il eût été plus simple de ne jamais faire appel à la bourse des ouvriers. Et, de fait, les sommes que l'on en tire ne sont jamais considérables ; cependant elles couvrent certaines dépenses, pour le plus grand soulagement de la caisse commune. En dehors de cette considération matérielle, il en est une purement mo-

---

(1) M. P. Pic, dans une conférence sur « La question des salaires devant le Parlement », cite les chiffres suivants :
Industrie extractive de la Loire : 4 fr. 80 ;
Filatures de coton du Nord : 2 fr. 55 — 3 fr. 70 ;
Tissage de la soie, salaire moyen : 2 fr. 15 — 3 fr.
D'autre part, M. Bonnevay, dans une étude sur « L'ouvrière lyonnaise travaillant à domicile » prétend que certaines femmes, les « chenilleuses », qui s'occupent du mouchetage des voilettes, ne gagnent que 0 fr. 72 — 0 fr. 80 par jour et ont deux mois de morte saison. — Ajoutons que dans les ateliers de construction de la Compagnie P.-L.-M. à Oullins, le salaire moyen est de 7 francs.

rale: elle se résume en ceci, c'est qu'on s'intéresse davantage à une chose pour laquelle on paie, si peu soit-il. Les fondateurs du Cercle de Vaise l'ont si bien compris qu'ils ont sans hésitation décidé de demander 30 centimes tous les trois mois à chaque membre ouvrier. C'est bien peu, et pourtant ce peu autorise l'ouvrier à se prétendre chez lui quand il entre au Cercle: il n'y vient pas en invité, mais en maître de maison. Il est louable de n'exiger qu'une faible cotisation. On concilie ainsi un attrait moral et la nécessité de ne pas trop grever le budget de l'ouvrier. Il faudrait pouvoir s'en tenir là. Malheureusement cela n'est pas praticable pour peu que l'on songe à multiplier et varier les parties en bande ou des distractions analogues dont les résultats sont excellents. Sur le nombre il en est de coûteuses et dont la caisse ne peut supporter la charge ou toute la charge. Alors il faut solliciter des contributions extraordinaires. On les demande le plus modiques possible; malgré tout, on éprouve une certaine gêne à réclamer toujours. Le grand principe des administrateurs, ici plus que partout ailleurs, devrait être : faire beaucoup avec rien. Mais que de fois ne sont-ils pas entraînés à y déroger! Ce n'est pas que l'ouvrier rechigne. Il sent que mieux vaut dépenser ses quelques sous au Cercle plutôt qu'au cabaret (1), ou peut-être plus mal encore. Mais les étudiants sont préoccupés de savoir si cet argent ne serait pas d'un utile appoint dans le ménage. Il est facile, en effet, de dépasser les limites au-delà desquelles on entame le nécessaire après avoir épuisé le superflu ; et celui-ci est toujours bien mince chez le peuple, surtout s'il est destiné à faire face à la fois à deux exigences : l'épargne et les délassements. Retenus par ces considérations, les étudiants se torturent l'imagination afin de découvrir des innovations qui ne coûtent rien aux membres du Cercle. C'est ainsi que, du système des promenades à la campagne avec cotisations pour payer le repas préparé par

____

(1) Un journaliste, M. Henri Leyret, qui s'est fait marchand de vin pour étudier sur le vif le peuple de Paris et qui a publié ses observations dans un livre intitulé : « En plein faubourg, mœurs ouvrières », montre l'ouvrier cherchant au cabaret, moins l'excitation du vin que la détente après le dur labeur et le plaisir que donne la conversation, la discussion, l'exécution de quelques chansons. Or, les Cercles populaires lui offrent tous ces mêmes avantages sans lui permettre de tomber, non pas tant encore dans l'ivrognerie brutale que dans ce qui est la ruine physique et morale par un empoisonnement lent, l'alcoolisme. Pour répondre pleinement à cette exigence sociale les Cercles doivent être ouverts tous les jours.

les soins du comité dans une auberge, ils passent à celui du véritable pique-nique où chaque ménagère apporte son panier de provisions. Ils aiment alors à s'inviter tantôt dans une famille, tantôt dans une autre, nouant ainsi des liens plus étroits, et témoignant de leur gratitude en prenant à leur charge ou le vin du repas, ou le gâteau du dessert.

Il m'a semblé que cette étude du caractère de l'ouvrier, particulièrement en ce qui touche à la bonne organisation des Cercles populaires, à l'esprit dont les étudiants devront s'inspirer, aux procédés dont ils auront à user, constituait la meilleure préface à une vue sur le fonctionnement même des Cercles. Cette étude, basée sur une foule d'expériences, offre par conséquent des garanties auxquelles j'ai voulu joindre celles qui découlent de la plus absolue sincérité.

III. — LE LOCAL. — LES JOURS D'OUVERTURE

J'ai dit précédemment de quels minces budgets disposaient les Cercles populaires et pour quelles raisons il en était ainsi : difficulté d'intéresser aux œuvres sociales sans caractère confessionnel les gens dont la bourse est ordinairement ouverte, devoir de ménager l'argent des ouvriers, nécessité enfin de peu demander aux étudiants, dont les poches sont ou peu garnies, ou moins prêtes au sacrifice que leur propre personne. A ces derniers, Vaise réclame 3 francs par an et cette somme est payable en deux fois. Je relève dans les rapports du même Cercle les chiffres suivants pour l'année 1894-1895 : Recettes 1,474 fr. 05; dépenses 1,181 fr. On n'y brasse donc pas des millions. Néanmoins, on réussit à économiser 293 fr. 05. Oh! ce n'est pas qu'on ne leur trouve aucune affectation ! On aurait cent raisons pour une de les employer. Mais il faut gérer cette petite fortune avec prévoyance.

La plus forte dépense pour un Cercle populaire est celle de son local. On ne demandera à celui-ci ni une grande élégance, ni un aménagement du dernier confortable (1). Le plus souvent, il ne se composera que d'une salle. Voici la description de celui de Vaise, dont le loyer annuel est de 450 fr. : « Un magasin dont toutes les cloisons ont

---

(1) Au Havre, l'échec est venu de ce que l'on avait voulu immédiatement organiser le Cercle sur un trop grand pied.

été abattues, a été ainsi transformé en une salle assez vaste. Dans un coin, un piano ; dans un autre, une armoire contenant des livres et décorée pompeusement du nom de bibliothèque ; quelques tables, une centaine de chaises ; au fond, une petite estrade ; aux murs, des cartes de géographie : voilà le mobilier du Cercle. C'est, comme vous le voyez, la simplicité même. Le seul objet de luxe, le piano, nous a été généreusement donné » (1).

Pour séduire et retenir l'ouvrier, il est d'élémentaire prudence de lui offrir un asile d'aspect avenant, où l'éclairage ne laisse rien à désirer, où il fasse bien chaud en hiver, tandis qu'en été l'aération sera commode. Tout l'attrait que peut exercer le local, on se l'est représenté à Vaise et aussi à Vaugirard. Ici, dès qu'il a été possible de se mieux installer, on a quitté la salle de la rue du Château, dont M. Gaufrès trace cette description navrante : « C'était une ancienne boutique de chiffonniers, aux murs ruisselants d'humidité. » Si une salle suffit, au début, à contenter les ambitions des fondateurs de Cercles populaires, ils ont bientôt une nouvelle convoitise aussi légitime, mais plus difficile à satisfaire. Lorsqu'arrivent les beaux jours, si bien ventilé que soit le lieu de réunion, il y fait trop chaud la plupart du temps. Alors se produisent des défections et, comme les étudiants sont dispersés par les vacances, on se décide à fermer jusqu'à l'automne. D'autre part, le dimanche, soit que le père travaille à l'atelier, soit qu'on redoute les frais d'une sortie à la *vraie* campagne, le ménage de l'ouvrier ne sort pas du quartier, et par conséquent ne respire pas le bon air des espaces libres. Le père, s'il n'est pas occupé, n'a point d'autre distraction que le cabaret où finalement il dépense, à lui seul, plus que ne lui aurait coûté la promenade dans les champs, avec tous les siens. Les enfants courent la rue et restent exposés à ses pièges. Ce vagabondage et ses dangers se renouvellent le jeudi, lorsque l'école chôme. Il appartient au Cercle dont font partie tant de braves ménages de leur fournir mieux que le cabaret, la rue, le semblant de campagne seul accessible, ou l'étroit logis. Il ne doit rien négliger pour s'assurer la jouissance d'un jardin que les membres eux-mêmes entretiendront et où ils trouveront ensuite les jeux qu'ils préfèrent. Le Cercle fonctionnera de façon ininterrompue ; les enfants s'ébattront sans risquer de se corrompre ; et les mères coudront, tricotteront au frais, sans se séparer des leurs. Hélas ! un pareil agran-

---

(1) Rapport pour l'année 1894-1895.

dissement n'est pour les Cercles populaires qu'un idéal vers lequel ils tendent de toutes leurs forces, sans avoir pu encore l'atteindre. Leur loyer en serait presque doublé et il est à craindre que les dons n'affluent pas en même proportion. On se contente donc de ce que l'on a, sans désespérer pourtant d'obtenir mieux. Il suffirait d'une âme généreuse. Il suffirait surtout que, par leurs résultats, les Cercles s'imposassent à l'admiration et à la sollicitude du public. C'est afin de conquérir ces dernières que les organisateurs travaillent avec tant de zèle et que, par cette étude, je fais violence à leur modestie.

Une fois le Cercle pourvu d'un local, que va-t-il s'y passer? Beaucoup plus de choses qu'on ne le pourrait croire. Aussi demanderai-je la permission de m'attacher à l'activité d'un Cercle particulier, afin de ne rien omettre et de ne pas m'égarer. Je choisirai celui de Vaise, dont la marche en avant est remarquable, depuis trois ans qu'il existe. Dès la première heure, ses fondateurs se demandèrent s'il leur serait bien aisé d'ouvrir tous les soirs. Cette continuité leur semblait un excellent moyen d'infuser à l'œuvre ses premiers éléments de vitalité. Il était, en effet, à redouter que des ouvriers, se réunissant une fois ou deux par semaine, ne fussent, d'une séance à l'autre, détournés par l'oubli ou l'indifférence, avant que le Cercle leur fût devenu une douce habitude. Au contraire, avec ses portes ouvertes chaque jour, le Cercle affirmait son existence, obsédait même le peuple du quartier et exerçait sur lui une fascination dont il ne tiendrait plus à s'affranchir ensuite. Le Comité était certain que l'union naîtrait d'autant plus rapidement que le contact serait plus continu, car les besoins de sociabilité, de distraction et de développement de l'ouvrier sont permanents.

On décida cependant de n'ouvrir le Cercle que deux fois par semaine, le mardi et le vendredi. A Vaugirard, on n'avait guère osé davantage : c'étaient trois soirs que les réunions avaient lieu (mardi, jeudi, samedi). Les considérations qui avaient amené les organisateurs du Cercle de Vaise à leur pénible résolution tenaient en partie à l'obligation de restreindre les frais d'éclairage et de chauffage, mais surtout au fait qu'il leur apparaissait comme très douteux que les étudiants pussent être présents, chaque soir au grand complet, ou même individuellement. La route était longue du centre de la ville à Vaise. Des oisifs eussent passé par-dessus la distance; or les étudiants ne l'étaient pas. Le type qu'ils représentaient différait du tout au tout de celui des contes et des vaudevilles. Seul le jeune homme qui a conscience du sérieux de la vie et des joies que procure le travail, est capable d'offrir sa collaboration à une œuvre comme le Cercle de Vaise. Mais les instants qu'il peut lui consacrer sont comptés.

On trouvera peut-être étrange que les fondateurs de ce Cercle ne se soient pas tout simplement résolus à livrer la plupart du temps les ouvriers à eux-mêmes. En réalité, ils redoutaient quelque manifestation hostile venue du dehors en leur absence; en outre, ils jugeaient les ouvriers trop peu familiarisés avec ce genre de réunions; enfin ils craignaient que certains d'entre eux n'y fissent entendre des discours ou des chants déplacés. Pendant une certaine période l'expérience leur a donné raison, non pas au point de vue des discours, aucun membre n'a songé à en prononcer; mais, pour les chansons, il a fallu parfois mettre le holà ! Certes, le virtuose improvisé n'avait aucune mauvaise intention; il chantait ce qu'il savait et ce qu'il avait coutume de produire en société. On ne pouvait le tolérer au Cercle où l'on se préoccupait d'affiner le goût des ouvriers et surtout de bannir la grivoiserie ou l'ineptie, pour y substituer la gaîté intelligente et de bon aloi. Quand les étudiants eurent fait remarquer qu'il était indispensable de conserver le respect dû aux femmes présentes et de ne pas familiariser les enfants avec des créations qui, à part même leur grossièreté, sont horriblement bêtes, les ouvriers se le tinrent pour dit de fort bonne grâce. Aussi fut-il possible de les abandonner peu à peu à eux-mêmes le vendredi, jour réservé aux simples réunions sans programme. Il n'y a donc plus qu'un pas à franchir pour que le Cercle soit ouvert en permanence, pour réaliser l'idéal entrevu, et je ne serais pas surpris qu'il le fût à Vaise dès l'hiver prochain, si l'on trouve les fonds nécessaires pour couvrir l'augmentation des frais de chauffage et d'éclairage.

IV. — LES RÉUNIONS : CAUSERIES ET LECTURES.

Maintenant, pénétrons au Cercle de Vaise, à la suite d'un de ses anciens présidents. « Les ouvriers arrivent peu à peu avec leur famille et s'installent sous la surveillance d'un assesseur élu par eux. Les hommes se réunissent autour des tables et, là, engagent des parties de cartes ou de dames, dont l'honneur est tout l'enjeu; les femmes se groupent autour du poêle et, tout en tricottant ou en causant, font un brin de conversation. Les enfants s'amusent à regarder les images de quantité de journaux illustrés, recueillis de toutes parts; pour eux, l'actualité importe peu, et ils se récréent en s'instruisant. De leur côté, les étudiants viennent aussi, et ils se trouvent de suite à l'aise dans ce milieu vraiment familial où toutes les mains se tendent franchement; ils se mêlent aux jeux et aux causeries, ou bien donnent des conseils médicaux ou juridiques. Le bibliothécaire distribue des livres et, toute cette petite besogne achevée, la séance proprement dite commence » (1).

Il est 9 heures; les assesseurs ont remis en place les journaux et les jeux. Le vendredi, pas de séance, et c'est jusqu'à dix heures que se déroule le spectacle dont j'ai rapporté la description. Parfois, il est vrai, quelque chanteur ou monologuiste de bonne volonté escalade l'estrade et charme l'auditoire; mais c'est là de l'imprévu.

J'en reviens au mardi, jour de séance, de neuf à dix heures. L'aspect de la salle, dès que la sonnette du président s'est fait entendre, est de tous points semblable à celui que présente le Cercle de Vaugirard : « ..... Soixante ou quatre-vingt personnes (2) étaient réunies pour une soirée de famille, dit M. Gaufrès; un groupe de fillettes occupait le premier rang devant le bureau où M. Bouchor avait pris place, un livre devant lui. ... » Vaise ne possède pas M. Bouchor. Souvent, on a dû l'y regretter. Mon avis n'est pas qu'il faille pousser trop loin ces regrets, non que j'aie rien à reprocher à l'auteur des *Mystères modernes,* mais je vois un grave inconvénient à faire appel à des hommes comme lui; cet inconvénient se présente sous une double face.

D'abord, on habitue les étudiants à ne plus compter sur eux seuls. Ils s'endorment dans une douce paresse, ne venant au Cercle que pour faire acte de présence, et bientôt ils désertent complètement. Ce danger n'est pas du tout imaginaire. Il surgit déjà, lorsque certains étudiants, doués d'une plus dévorante ardeur, abattent à eux seuls presque toute la besogne. Les autres deviennent indifférents et inertes, non par jalousie, ni par conscience d'inutilité, mais par suite de leur inaction même. Dans un Cercle populaire, il ne saurait y avoir de comparses. Tout étudiant doit remplir un premier rôle, égal en importance à celui de chacun de ses camarades.

L'autre face de l'inconvénient que je signale, nous montre l'ouvrier

----

(1) Rapport pour l'année 1894-1895.
(2) Le Cercle de Vaise compte environ 110 membres ouvriers.

gâté par le charme d'hommes dont l'âge et une forte culture ont mûri
le talent. Il s'accoutume à une éloquence sobre, souvent plus à sa
portée, à des pensées ou des faits originaux. Alors, il juge les étudiants inférieurs, et ces jeunes gens perdent l'ascendant qui leur est
nécessaire. Notez que, par ascendant, je n'entends ni domination, ni
morgue, mais seulement cette puissance d'impulsion et de direction
qui, dans une œuvre, vient toujours d'un groupe Il est à craindre
aussi que quelques étudiants ne se découragent en présence du succès
d'hommes mûrs, qu'ils ne s'exagèrent leur propre faiblesse, ne se per-
suadent qu'ils sont incapables de faire œuvre féconde et ne se taisent
à l'avenir ou ne se retirent tout-à-fait. Je ne pense pas pourtant que
ces observations commandent l'exclusion de tout conférencier, lecteur,
musicien, etc., qui ne serait pas étudiant. Mais je suis persuadé qu'il
ne faut avoir recours à eux qu'en de rares occasions, afin de ménager
l'ascendant et l'élan des jeunes gens dévoués à l'œuvre. Ceux-ci sont
déjà assez exposés à faiblir. Décemment, ils ne peuvent se présenter
sans préparation devant les ouvriers. Il leur est indispensable de
choisir leurs lectures, de méditer leurs conférences, de renouveler leur
répertoire. Et ce travail les tient en haleine toute l'année durant. Leur
tâche serait allégée s'il suffisait de chercher pour trouver aussitôt.
En réalité, rien n'est ingrat comme ces investigations, rien n'est délicat comme la sélection qu'elles impliquent. Le découragement peut
fort bien venir avant qu'on ne les ait effectués. N'avais-je pas raison
de prétendre, au début de cette étude, que les Cercles populaires en-
seignent le dévouement et raffermissent la volonté ?

.˙.

De semaine en semaine, le Comité du Cercle de Vaise élabore un
programme pour les séances du mardi, de neuf à dix heures. Il s'ins-
pire du plan d'ensemble tracé lors de la fondation de l'œuvre. Suivant
une vieille formule, qui résumait la pensée des organisateurs, on aspi-
rait à mêler, à fondre l'utile et l'agréable. On admit donc côte à côte,
et se complétant les unes les autres, les conférences, les lectures à
haute voix, la musique et la diction. Il ne restait qu'à répartir ces
occupations entre les diverses réunions. Dans ce but, on établit un
roulement, qui a subsisté, et enferme dans un même cycle trois mardis
successifs. Si une séance a été consacrée à une causerie, la suivante
l'est aux lectures à haute voix, enfin la troisième à la musique et à la
diction. Puis, la série recommence dans le même ordre, indéfiniment.
Nous allons la suivre dans tout son développement.

Les conférences sont certainement le meilleur procédé pour ouvrir au peuple des horizons nouveaux. De grands efforts en ce sens ont été tentés en France depuis quinze à vingt ans. Les instituteurs disposés à faire des causeries devant la population de leur village n'ont qu'à lire, méditer, puis donner, comme si elles étaient de leur propre crû, celles qu'on leur envoie toutes prêtes. Bien mieux, appliquant ici de façon très pratique, l'observation recueillie depuis longtemps dans le domaine de la lecture, que l'illustration exerce un vif attrait, on a offert aux municipalités des appareils à projections très bon marché. C'est une première mise de fonds, grâce à laquelle on peut animer les conférences les plus variées. En effet, une société (1) s'est fondée qui, moyennant le seul paiement du port, expédie des collections de plaques s'adaptant aux lanternes qu'elle fournit elle-même. Naturellement, le Cercle de Vaise profite de ces facilités. Il y a gagné de plus nombreux auditoires. Avant qu'il ne fît usage des projections, il était passablement déserté, les soirs de causerie. A vrai dire, les premiers conférenciers n'avaient été très heureux ni dans le choix, ni dans l'exposition de leur sujet. Je ne reviendrai pas ici sur les difficultés créées par le manque de démarcation nette entre la politique pure et les questions sociales ou économiques.

J'ai déjà relevé combien il est délicat de parler au peuple. Il faut être très maître d'une langue à la fois élégante, souple, imagée, simple et claire. Les expressions techniques sont des écueils très difficiles à éviter et sur lesquels on touche trop fréquemment. Le geste est nécessaire, car il anime la causerie; le timbre de la voix peut être une musique qui captive d'emblée. Quant au fond, mille détails sont à élaguer comme futiles et mille autres à retenir comme typiques et propres à mieux graver dans la tête des auditeurs certaines choses passablement abstraites. De tout cela, les étudiants de Vaise se sont peu à peu rendu compte; la pratique les a formés. Ils ont su par leur seul talent ramener pas mal de ceux qui avaient été ennuyés ou rebutés, et aujourd'hui la salle est bien remplie les soirs où tel ou tel parle de « l'Alcoolisme », de « la Coopération », de « la Prévoyance », de « l'Idée de Patrie », du « Tissage de la Soie », du « Familistère de Guise », de « l'Hygiène et du Chauffage », de « la Grèce et des Jeux olympiques ». Parfois, un auditeur que le sujet n'intéresse pas, se retire sans bruit. Nul ne songe à lui en faire le moindre reproche. Il a eu le

---

(1) Cette société a fait abandon de ses collections à l'État qui, en échange, accorde la franchise de port.

courage de montrer ce qu'il ressentait, et c'est là une qualité fort
appréciée au Cercle. Presque toujours aussi, des enfants s'endorment
sur les genoux de leur mère ou bien sur la chaise où ils s'étaient au
début sagement assis, bien droits, les yeux grands ouverts et pleins
de bonnes résolutions. Mais il suffit que l'on fasse emploi de la lan-
terne pour que pas un ne ferme les yeux. Au contraire, ils sont plus
éveillés que jamais et les réflexions naïves qui leur échappent égaient
les plus âgés. C'est ainsi que les ouvriers de Vaise ont suivi la magni-
fique épopée de Jeanne d'Arc et les exploits des conquérants de l'Algérie.

A Vaugirard également on a reconnu l'excellence de ce procédé
d'illustration qui permet, non seulement de soutenir l'attention de
l'auditoire(1) en offrant un spectacle à ses regards, mais encore d'aborder les sujets les plus divers, avec certitude de posséder un puissant
élément de clarté.

Afin de rendre cette clarté plus éblouissante encore, ne convien-
drait-il pas de traiter devant les ouvriers de sujets avec lesquels ils
soient déjà tant soit peu familiarisés ? Il n'est pas impossible d'en trouver de semblables. Le peuple vit au jour le jour ; il s'intéresse, lui
aussi, aux évènements de l'heure présente. C'est donc là qu'il faut
puiser : à propos de la mort d'un homme illustre, retracer son rôle
dans l'histoire ou la science, parler plus spécialement de tel acte qui
est le fondement de sa gloire, de telle découverte dont il a enrichi le
monde ; sur telle proposition ou tel vote de loi importante, donner le
commentaire bref, mais lumineux du texte, en expliquer la portée et
les effets. Ce ne sont là que des exemples. Je suis convaincu que des
sujets de ce même genre pourront seuls être la source des dicusssions
courtoises dans lesquelles on veut entraîner les ouvriers. Je n'en veux
pour preuve que ce qui se passe au Cercle organisé à la Villette
(Paris) (2). Ce sont les ouvriers qui parlent. Ailleurs ils n'objectent
jamais rien, ne demandent aucune explication complémentaire, bien

---

(1) Pour atteindre au même but, il est encore un procédé que l'on va
expérimenter à Vaise : ce sont les conférences contradictoires entre deux
étudiants, soutenant les deux thèses opposées et se donnant la réplique
comme dans une conversation.

(2) Le « Cercle de la Villette » (Paris) est le seul qui se rapproche du type
que nous étudions. Il a pour base une société de secours mutuels. La cotisation mensuelle est de 2 francs pour les hommes et de 1 fr. 50 pour les
femmes. Les réunions ont lieu une fois par mois. Elles sont très fréquentées
et très animées par les causeries, suivies de discussions, dont les ouvriers
font presque tous les frais.

que le conférencier se mette toujours à leur disposition. Je ne crois pas
que le silence vienne d'indifférence. Il résulte plutôt de timidité, de
trop grande méfiance dans sa facilité de parole, d'absence d'idées anté-
rieures et précises sur la question. Et cependant, combien il serait
bon pour ce peuple d'apprendre à exprimer ce qu'il pense, tout en
respectant les opinions d'autrui! Il s'y hasarderait en présence des
sujets d'actualité, et néanmoins étrangers à la politique, dont il aurait
été déjà amené à se rendre compte par la simple lecture des journaux.
C'est peut-être bien le jugement de son journal sur les questions d'im-
pôt, de coopération, de service militaire, etc... qu'il avancera. Qu'importe! Il recueillera des arguments contraires et pourra peser les uns
et les autres. Il aura étendu ses horizons et se sera convaincu que, s'il
est des gens qui ne raisonnent pas comme lui, ils n'en sont pas moins
honorables dans leur sincérité.

..

A s'en tenir aux lectures particulières de chaque ouvrier, il y aurait
tout lieu de désespérer de son développement intellectuel et moral.
Il ne prête guère attention qu'au journal quotidien à un sou où la
politique est tout, et quelle politique! Les partis pris en sont la base,
la mauvaise foi ou la légèreté d'information, les procédés les plus cou-
rants. A Vaise, où cependant on aurait pu recevoir de pareilles feuilles,
à condition qu'elles représentassent toutes les opinions, et observer ainsi
la neutralité politique, elles ont été exclues à cause de leurs vices. On
s'est contenté de périodiques sagement choisis, où les images tiennent
une place importante (1). En même temps, on s'est mis à la recherche
des vieilles collections dont les particuliers avaient envie de se défaire.
C'est par la même voie qu'on est parvenu à constituer une bibliothèque passablement hétéroclite, mais dont la variété devenait plutôt
un mérite. Les livres qui rencontrent le meilleur accueil auprès des
ouvriers sont ceux de voyages et d'histoire. Henri Martin s'en allait
en lambeaux tant il avait été feuilleté au Cercle même, ou bien sous
la lampe de famille. Le Comité a désiré en effet que le livre remplaçât
les réunions, les soirs où celles-ci n'ont pas lieu. A vrai dire, les prêts
à domicile ne sont pas nombreux et cela se comprend jusqu'à un
certain point. L'ouvrier qui, souvent, rentre tard de l'atelier songe à
aller se coucher plutôt qu'à somnoler sur un livre entrouvert. Il est

---

(1) *Après l'Ecole, Mon Journal, Le Journal des Voyages, l'Emancipation,
Le Bulletin de l'Union pour l'action morale*, etc., etc.

fatigué et préfère se reposer avant de reprendre une nouvelle journée qui commencera avec l'aube. Sa femme est accablée des soins du ménage, de raccommodages, et fréquemment de travaux à l'aiguille qu'elle exécute pour le compte de grands magasins (résilles, broderie, mouchetage...) Les enfants n'aiment guère que les histoires ; ils sont les meilleurs clients de la bibliothèque.

Ainsi les lectures à haute voix ne seront pas superflues ; elles se présenteront en tout cas comme l'excellent complément des conférences. Mais comme celles-ci, elles se garderont de fatiguer l'attention. Si les causeries durent au grand maximum quarante minutes, les lectures pourront absorber l'heure entière, mais à condition de venir en intermèdes du travail, des causeries et des jeux, et d'être variées ; j'entends par là que, pendant la même soirée, il ne faudra pas apporter aux ouvriers uniquement des pages sérieuses. Vous intercalerez quelque œuvre de pure imagination bien écrite et convenable. Je sais que vous risquez ainsi de produire un redoutable mélange. Mais tout dépendra des divers morceaux auxquels vous vous serez arrêtés. Si possible, trouvez-en qui aient entre eux quelque corrélation. Par exemple, après lecture de considérations sur les dangers de l'alcoolisme, prenez, dans Daudet, l'histoire de « l'Elixir du Révérend Père Gaucher » ; surtout ne vous laissez pas arrêter par la crainte de détruire par ce conte humoristique les salutaires impressions que vous aurez tout d'abord communiquées. Certes, vous serez ici sur un terrain difficile ; la peine que vous aurez à trouver de bons lecteurs ne sera rien auprès de celle que vous rencontrerez dans vos recherches de bons auteurs. Pour ma part, je suis assez sceptique en ce qui touche le succès immédiat des classiques (1). Si Vaugirard est convaincu de leur excellence, Vaise n'y croit guère. Il me semble qu'ils sont plutôt pour les années futures, lorsque les Cercles multipliés auront déjà modifié le goût du peuple et préparé son esprit aux choses supérieures et profondes dans la forme et dans le fond. Le vers de Racine ou de Corneille est d'une envolée si puissante qu'il plane au-dessus de la tête des ouvriers. Quant à Molière, ou il est trop fin pour des cerveaux peu assouplis, ou

---

(1) M. Maurice Pottecher préfère créer le *Théâtre du peuple*. Il écrit lui-même des pièces qu'il fait jouer en plein air devant la population de Bussang (Vosges). C'est là préparer la réalisation de cet ardent désir de Michelet : « Ah ! que je voie donc avant de mourir la fraternité nationale recommencer au théâtre ! » (V. *Rev. encyclopédique*, septembre 1896).

il n'est que bouffonneries cotoyant de bien près la gauloiserie qui, si honorée qu'elle puisse être depuis Rabelais, ne saurait avoir droit de cité dans un Cercle populaire.

Il faudrait donc en venir aux auteurs modernes. Ici la mine est plus riche. Il est tels passages de Victor Hugo qui feront grand effet. De beaux épisodes d'histoire ont trouvé des narrateurs que le peuple sait apprécier. Enfin on pourra beaucoup emprunter aux périodiques. La partie sérieuse des lectures une fois réglée, on récolte aisément les pages récréatives. Coppée, Theuriet ont écrit des nouvelles délicieuses. Daudet, à lui seul, fera les frais de nombreuses soirées.

Cependant, quelque soit l'auteur choisi, on ne manquera jamais, avant de lire quelque fragment de ses œuvres, de lui consacrer une courte notice biographique. Il serait triste que les ouvriers écoutassent parler un homme dont ils ne sauraient s'il est mort ou vivant, historien ou critique, moraliste ou romancier, prosateur ou poète. Il faut qu'ils apprennent à connaître toutes nos gloires nationales, aussi bien dans le domaine scientifique ou littéraire, que dans celui de l'histoire et de la politique.

V. — LES SOIRÉES DE FAMILLE. — LES CONCOURS. — LES PROMENADES A LA CAMPAGNE.

Quelque soit le zèle des ouvriers pour s'instruire, ils trouvent bien aride un programme qui ne comporte aucun délassement. Ils demandent, pour ainsi dire, la récompense de leur application. On doit être d'autant plus disposé à la leur accorder, sous forme de soirées récréatives, que par celles-ci on touchera à une transformation urgente, celle du goût populaire. Ce n'est pas à dire que l'on ose rêver un ouvrier aux manières raffinées, ni au langage précieux. Rien ne peut effacer l'empreinte dont frappent les duretés du travail manuel. La langue sera brutale comme l'outil, l'expression rude comme le geste qui dirige l'outil. Cependant, la notion du beau, d'une beauté fruste, il est vrai, peut être inculquée au peuple. On obtiendra de lui qu'il ne se complaise pas uniquement aux stupidités qui, chaque jour, sont jetées en divertissement à la foule. J'ai déjà constaté que les ouvriers de Vaise avaient, sur ce point, fait un retour sur eux-mêmes. Il a fallu pour les y amener beaucoup de persévérance; il a fallu soi-même donner l'exemple. Et quand l'a-t-on fait? En toute occasion, mais principalement pendant

les « soirées de famille. » Jamais on ne s'est découragé, car on avait
un signe certain que tous les efforts ne seraient pas inutiles. Ce signe
était l'amour du peuple pour la musique, non pas celle qui fait pâmer
à Bayreuth, mais la musique toute simple, la ritournelle, l'air patriotique, la romance, le fragment d'opéra que les orgues de Barbarie ou
les chanteurs des rues ont déflorés à jamais pour les oreilles du bourgeois (1). La grande joie des ouvriers de Vaise est de voir s'ouvrir le
piano ; ils ne perdent pas une note des morceaux que jouent ou chan-
tent les étudiants. Ils n'ont jamais eu de plus belle fête que d'entendre
un chœur de jeunes gens et jeunes filles entonner en leur honneur,
certaines des chansons que M. Maurice Bouchor a écrites pour les écoles.
Aussi comprendra-t-on sans peine que ce même poète ait pu grouper
avec succès les enfants du Cercle de Vaugirard et leur donner des leçons
de chants. Puis il a complété ce qu'il avait si bien commencé : sous
sa direction les enfants apprennent encore à réciter. Ils acquerront
ainsi peu à peu l'habitude de faire leur partie dans ces soirées de famille qui imposent aux étudiants une très lourde charge. Bien que les
ouvriers ne se lassent guère d'entendre toujours les mêmes choses,
comme ces personnes peu mélomanes qui apprécient seulement les
airs rabâchés, les étudiants ne veulent pas se livrer à une mauvaise
plaisanterie. Ils s'imposent l'ingrat devoir de toujours mémoriser ou
déchiffrer. Ils renouvellent leur répertoire, si absorbant que cela soit
pour eux dont le plus clair du temps est déjà pris par les études. Mais,
insensiblement, ils mêleront les ouvriers à cette activité ; ils seront
prêts à leur fournir, non seulement des titres de monologues ou de
chansons, mais le texte même. Ils s'ingénieront à découvrir le genre
qui conviendrait le mieux à chacun, si bien que l'ouvrier succédera à
l'étudiant sur l'estrade, le monologue comique et intelligent à la pièce
patriotique, à tel ou tel fragment de bon auteur, et Pierre Dupont
à du Mac-Nab spirituel et honnête.

Vaise n'eût plus été un faubourg de Lyon, si Guignol ne s'y fût pas
trouvé en grand honneur. Pour beaucoup cet engouement n'était fait
que de curiosité ; ils subissaient la fascination de l'inconnu. Le centre

---

(1) A signaler à ce propos les « Concerts populaires (Volkskonzerte) que
donne la « Pestalozzigesellschaft » de Zurich. Sur cette société, son but et
son activité voir : « Deuxième rapport de la commissiou des salles de lecture
populaires ouvertes dans les 1er et 3e districts de la ville de Zurich. » Zurich,
1896.

de la ville était éloigné et aller à Guignol devenait une véritable expédition, malaisée et surtout coûteuse pour de pauvres gens. Un beau jour, les étudiants amenèrent au Cercle le héros lyonnais. Ce fut un enthousiasme sans bornes, si bien que peu de temps après le Cercle possédait son propre théâtre de Guignol. Un ouvrier en avait construit la charpente ; un élève de l'école des Beaux-Arts l'avait agrémentée de peintures Louis XV ; la mère d'un étudiant avait taillé et cousu le rideau. Pour quelques sous on s'était procuré les décors, l'éclairage et les acteurs. Guignol est aujourd'hui la ressource des grands jours. Les ouvriers ne sauraient se séparer pour la période des grosses chaleurs et des vacances sans avoir ri une dernière fois devant ses facéties. Le répertoire courant, au besoin corrigé, a suffi au début. Mais les ambitions ont grandi et le petit théâtre du Cercle a maintenant la gloire de donner de l'inédit, dû à la plume de quelque étudiant joyeux drille.

Je ne puis, sans tolérer dans cette étude des lacunes impardonnables, ignorer une innovation du Cercle de Vaise dans sa vie intérieure et, d'autre part, les sorties à la campagne.

En premier lieu, je fais allusion aux concours de récitation et de narration ouverts entre les enfants. Les premiers surtout ont réussi au-delà de toute espérance. Si le conseil des étudiants n'a pas été inutile pour quelques concurrents dans le choix du morceau, la diction même était toute spontanée. Elle révélait une compréhension remarquable de l'esprit de la pièce et elle parvenait à le rendre avec un naturel et une originalité infiniment plus délicieux que la stricte observance de toute les règles du Conservatoire.

On n'en peut pas dire tout à fait autant des narrations. Les enfants ont été ici plus timides ; bien peu ont osé prendre la plume et, de leur plus belle écriture, mettre sur le papier ce qu'ils avaient remarqué et éprouvé pendant une promenade faite en commun. Les audacieux ont manifesté une tendance marquée à imiter l'allure et la forme des faits-divers de journaux. Je ne pense pas que cela résulte d'une lecture assidue de cette littérature. En réalité, les enfants ont bien été eux-mêmes. Et l'analogie déplaisante provient plutôt de ce que le fait-divers est tout à fait l'enfance de l'art dans le domaine de la composition.

Je parlais tout à l'heure, à propos du sujet de narration proposé, d'une promenade en commun. Il est, en effet, de tradition au Cercle

5e Année. — N° 1er. — Janvier 1897.

REVUE INTERNATIONALE
DE
SOCIOLOGIE

PUBLIÉE TOUS LES MOIS, SOUS LA DIRECTION DE

RENÉ WORMS

Secrétaire-Général de l'Institut International de Sociologie

AVEC LA COLLABORATION ET LE CONCOURS DE

MM. Ch. Andler, Paris. — A. Asturaro, Gênes. — A. Babeau, Troyes. — M. E. Ballesteros, Santiago. — P. Beauregard, Paris. — R. Bérenger, Paris. — M. Bernès, Montpellier. — J. Bertillon, Paris. — A. Bertrand, Lyon. — L. Brentano, Munich. — Ad. Buylla, Oviedo. — Ed. Chavannes, Paris. — E. Cheysson, Paris. — J. Dallemagne, Bruxelles. — C. Dobrogeanu, Bucarest. — P. Dorado, Salamanque. — M. Dufourmantelle, Paris. — L. Duguit, Bordeaux. — P. Duproix, Genève. — A. Espinas, Paris. — Fernand Faure, Paris. — Enrico Ferri, Rome. — G. Fiamingo, Rome. — A. Fouillée, Paris. — A. Giard, Paris. — Ch. Gide, Montpellier. — R. de la Grasserie, Rennes. — P. Guiraud, Paris. — Louis Gumplowicz, Graz. — M. Kovalewsky, Moscou. — F. Larnaude, Paris. — Ch. Letourneau, Paris. — E. Levasseur, Paris. — P. de Lilienfeld, Saint-Pétersbourg. — A. Loria, Padoue. — J. Loutchinsky, Kiew. — John Lubbock, Londres. — J. Mandello, Budapest. — L. Manouvrier, Paris. — P. du Maroussem, Paris. — T. Masaryk, Prague. — Carl Menger, Vienne. — G. Monod, Paris. — F. S. Nitti, Naples. — J. Novicow, Odessa. — Ed. Perrier, Paris. — Ch. Pfister, Nancy. — Ad. Posada, Oviedo. — O. Pyfferoen, Gand. — A. Raffalovich, Paris. — E. van der Rest, Bruxelles. — M. Heven, Tokio. — Th. Ribot, Paris. — Ch. Richet, Paris. — V. Rossel, Berne. — Th. Roussel, Paris. — A. Schæffle, Stuttgart. — F. Schrader, Paris. — G. Simmel, Berlin. — C. N. Starcke, Copenhague. — L. Stein, Berne. — R. Steinmetz, Utrecht. — G. Tarde, Paris. — J. J. Tavares de Medeiros, Lisbonne. — F. Tœnnies, Hambourg. — A. Tratchewsky, Saint-Pétersbourg. — E. B. Tylor, Oxford. — I. Vanni, Bologne. — J. M. Vincent, Baltimore. — P. Vinogradow, Moscou. — R. dalla Volta, Florence. — E. Westermarck, Helsingfors. — Émile Worms, Rennes. — L. Wuarin, Genève.

Secrétaires de la Rédaction : Ed. Herriot. — Al. Lambert. — Fr. de Zeltner.

Abonnement annuel : FRANCE : 18 fr. — UNION POSTALE : 20 fr.

PARIS

V. GIARD & E. BRIÈRE. ÉDITEURS
16, RUE SOUFFLOT, 16
1897

LIBRAIRES CORRESPONDANTS :

Beyda (B.).	à Lausanne.	Mavolez (O.) & J. Aerbaeys,	à Bruxelles
Brockhaus (F. A.),	à Leipzig.	Kutt (David),	à Londres.
Frieman Caarelsen & Co,	à Amsterdam.	Samson & Wallin,	à Stockholm
Fénin & Co,	à Lisbonne.	Stapelmoes (H.),	à Genève.
Gerold & Co,	à Vienne.	Stechert (G. E.),	à New-York.
Kilian's (F).	à Budapest.	Van Fleteren (P),	à Gand.
Kramers & Fils,	à Rotterdam	Van Stockum & Fils.	à La Haye
Loescher & Co,	à Rome.		

V. GIARD & E. BRIÈRE, ÉDITEURS, 16, RUE SOUFFLOT, PARIS.

BIBLIOTHÈQUE
SOCIOLOGIQUE INTERNATIONALE

PUBLIÉE SOUS LA DIRECTION DE

RENÉ WORMS
Secrétaire-Général de l'Institut International de Sociologie.

Cette collection se compose de volumes in-8°, reliure souple (1).

Ont paru :

RENÉ WORMS : *Organisme et Société.* . . . . 8 fr.

PAUL DE LILIENFELD, vice-président de l'Institut International de Sociologie : *La Pathologie Sociale* . . . . , . 8 fr.

FRANCESCO S. NITTI, professeur à l'Université de Naples, membre de l'Institut International de Sociologie : *La Population et le Système social*, édition française. . . . . 7 fr.

ADOLFO POSADA, professeur à l'Université d'Oviedo, membre de l'Institut International de Sociologie : *Théories modernes sur l'origine de la Famille, de la Société et de l'État*, édition française. . . . . 6 fr.

SIGISMOND BALICKI, associé de l'Institut International de Sociologie : *L'État comme organisation coercitive de la Société Politique* . . . 6 fr.

JACQUES NOVICOW, membre et ancien vice-président de l'Institut International de Sociologie : *Conscience et Volonté Sociales.* . . . . . 8 fr.

FRANKLIN H. GIDDINGS, professeur à l'Université de New-York, membre de l'Institut International de Sociologie : *Principes de Sociologie*, édition française . . . . 8 fr.

Paraîtront successivement :

MAURICE VIGNES, docteur en droit : *La Science Sociale d'après Le Play et ses continuateurs.*

ACHILLE LORIA, professeur à l'Université de Padoue, membre de l'Institut International de Sociologie : *Problèmes Sociaux Contemporains*, édition française.

LOUIS GUMPLOWICZ, professeur à l'Université de Graz, membre et ancien vice-président de l'Institut International de Sociologie : *Sociologie et Politique*, édition française.

MAXIME KOVALEWSKY, ancien professeur à l'Université de Moscou, membre et ancien vice-président de l'Institut International de Sociologie : *Les Questions Sociales au Moyen-Age.*

JULES MANDELLO, chargé de cours à l'Université de Budapest, membre de l'Institut International de Sociologie : *Essai sur la méthode des Recherches Sociologiques.*

(1) *Les volumes de la collection pourront aussi être achetés brochés avec une diminution de 2 francs.*

Beaugency. Imp. J. Laffray

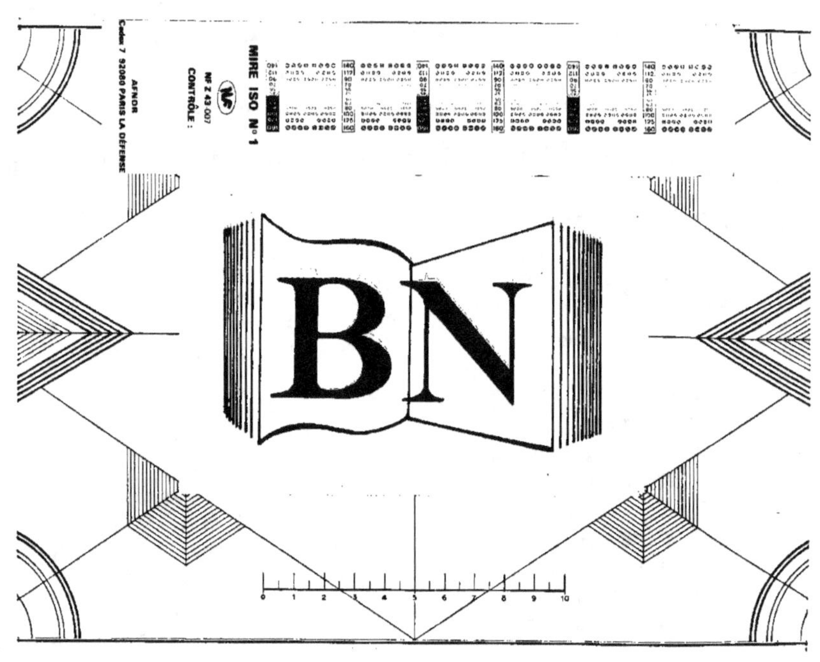

www.ingramcontent.com/pod-product-compliance
Lightning Source LLC
LaVergne TN
LVHW010338030726
842520LV00004B/1541